L'ANTHROPOLOGIE

-+-

Extrait

MASSON ET Cⁱᵉ, Éditeurs

120, boulevard Saint-Germain, Paris (6ᵉ)

MÉMOIRES ORIGINAUX

LA FIGURE HUMAINE
CHEZ LE SAUVAGE ET CHEZ L'ENFANT

CONFÉRENCE FAITE AU MUSÉUM NATIONAL D'HISTOIRE NATURELLE

PAR

LE PROFESSEUR E.-T. HAMY

Membre de l'Institut et de l'Académie de Médecine.

I

Tout homme possède, au moins à l'état simplifié, une certaine aptitude à reproduire les formes des objets qui frappent son atten tion. Les sauvages les plus grossiers dessinent, peignent ou sculptent à leur manière des représentations plus ou moins exactes des choses de la nature et s'ils se montrent réfractaires, ainsi qu'on l'a plusieurs fois observé, à l'intelligence des œuvres d'art des hommes civilisés, cela tient uniquement, semble-t-il, à ce que l'éducation de leur œil n'est pas faite et qu'ils n'ont acquis que des notions insuffisantes de tout ce qui constitue essentielle- ment un dessin, une peinture, etc.

Je sais bien que quelques critiques et Sir John Lubbock (1) à leur tête, admettent qu'il est des races humaines, *absolument dépourvues* d'œuvres d'art, quelque simples qu'elles puissent être (2). Mais j'estime que les faits invoqués à l'appui de cette manière de voir sont bien loin d'avoir la portée qui leur est ainsi attribuée. De ce qu'un grand dessin colorié, représentant un indi- gène de la Nouvelle-Hollande, n'a pas été compris d'un groupe de naturels auxquels on l'avait fait voir, de ce que, dit Oldfield (3),

(1) Lord Avesbury.
(2) J. LUBBOCK. *Les origines de la civilisation*, trad. Barbier. Paris, 1873, in-8, p. 39.
(3) OLDFIELD. *On the Aborigines of Australia (Transact. Ethnol. Soc. of London*, N. S., vol. III, p. 227, 1865).

« il ne s'en est pas trouvé un sur une douzaine qu'ils étaient là, pour comprendre que ce dessin avait quelque rapport avec lui-même », je ne pourrais tirer d'autre enseignement que celui-ci, savoir que notre manière de représenter le clair et l'obscur, nos couleurs artificielles, notre perspective surtout, les troublent et les paralysent. Il leur faut avoir vécu parmi les Blancs pour arriver peu à peu et dans une certaine mesure, à comprendre leurs procédés artistiques, à saisir le jeu des lumières et des ombres, à tenir compte de la différence des plans, etc., etc.

L'un de ces Australiens que Oldfield croyait « incapables de comprendre les représentations artistiques les plus claires », un Noir civilisé, domestique de M. Lümholtz, reconnaissait fort bien le portrait de son maître, tandis que les sauvages auxquels on montrait cette photographie « ne savaient comment la tenir et la tournaient tantôt en haut, tantôt en bas, au hasard » (1).

Or cette scène se passait dans une caverne, au plafond de laquelle M. Lümholtz distinguait des figures faites par ces mêmes Noirs. « Elles représentaient un homme, une femme et leur enfant. En quelques traits au charbon ou à la sanguine, les indigènes avaient indiqué les personnages, tous aux longs doigts, aux grands orteils très écartés ; et quoique grossièrement tracées, ces figures n'étaient pas dépourvues de toute symétrie, le côté gauche était la reproduction du côté droit, mais les proportions n'avaient pas été observées ».

D'ailleurs dans ce Queensland, qui est la terre sauvage par excellence, le *pays des Cannibales*, comme l'appelle M. Lümholtz (2), les dessins de ce genre abondent sur les parois des cavernes et des abris sous roche, refuges des indigènes. Depuis le temps où King a décrit les premiers de ces essais artistiques dans l'île Clack, on en a signalé à Cooktown, au Bloomfield, à Hugenden, Mackinlay, Cloncurry, etc., etc. J'emprunte à l'un des fascicules consacrés par M. Walther E. Roth à l'ethnographie du Queensland une photographie (fig. 1), qui nous met en présence du tableau rudimentaire peint par un Australien dans une grotte-abri du versant nord du mont Cook. Trois hommes sont charbonnés à droite ; ce sont des chasseurs, l'un d'eux est armé d'une lance : un petit disque arrondi leur tient lieu de tête, le tronc très allongé bifurque en

(1) J. LUBBOCK, *trad. cit.*, p. 40.
(2) C. LÜMHOLTZ. *Au pays des Cannibales; Voyage d'exploration chez les indigènes de l'Australie orientale*, trad. Molard. Paris, 1890, in-8°, p. 195.

deux courtes jambes écartées et les bras sont très largement ouverts. A gauche, deux autres figures plus grosses, l'une noire, l'autre rouge, silhouettées de blanc, représentent probablement le gibier. L'un de ces animaux a une longue queue et chacune de ses pattes se termine par trois doigts bien visibles; c'est peut-être un crocodile (1).

La scène, ainsi reproduite de la manière la plus sommaire qui se puisse imaginer, ne suffit pas à donner une idée suffisante des reproductions de figures humaines des indigènes d'Australie. Ils arrivent, en effet, dans certaines de leurs œuvres, à dessiner des espèces de portraits d'une fabrication puérile, mais où l'on dis-

Fig. 1. — Tableau peint dans une grotte-abri du Mont Cook (Queensland).

tingue des cheveux, des yeux, une bouche et des indications de bras. C'est déjà presque la figure humaine telle que la tracent nos enfants. Que l'on compare les œuvres de ces derniers à celles des Australiens de M. Roth que je montre ici (fig. 2 et 3), on ne trouvera aucune différence essentielle.

Une autre figure du même ouvrage, qui a pour auteur un Pitta-Pitta, représente un des acteurs de la *corroborie* de Molonga, avec ses caractéristiques les plus apparentes (2).

(1) *North-Queensland Ethnography*, Bull. n° 4. *Games, Sport and Amusements*, by WALTHER E. ROTH. Brisbane, 1902, in-4°, p. 22 et pl. XV.
(2) ROTH (W. E.). *Ethnological Studies among the North-West Central Queensland Aborigines*. Brisbane, 1897, in-8°, p. 116 et pl. XIV. — Cf. *Ibid.*, pl. XVI.

Par exception l'indigène pourra s'élever, *au contact des Blancs*, jusqu'à la composition de véritables tableaux fort compliqués, tels que celui qui avait été tracé à l'aiguille sur une plaque

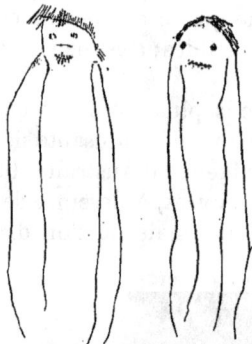

Fig. 2 et 3. — Dessins d'une femme australienne de Glenormistan (Queensland).

d'écorce noircie de fumée par un Australien des bords du lac Tyrrell (1) ou encore ces deux autres dessins exécutés à la plume par Tommy Barnes, un habitant du Bas-Murray (2). Le premier morceau ne renferme pas moins de quarante figures d'hommes et d'animaux parfaitement reconnaissables, les deux autres mettent en scène des danses de natifs et des épisodes de chasse et de pêche rendus avec une certaine précision. La perspective n'apparaît d'ailleurs que d'une manière fort incertaine, dans un groupe de noirs, par exemple, qui se sont couverts de feuillages pour approcher d'une bande de casoars qu'ils vont frapper de leurs sagaies. Tout le reste des trois tableaux s'étale en hauteur; *les plans se superposent au lieu de se couvrir*; le deuxième plan monte au-dessus du premier, tandis que les plus reculés gagnent le haut de la figure (3).

Les Bosjesmans, auxquels sir John Lubbock hésite à accorder des aptitudes artistiques (4), ont cependant couvert, eux aussi, de figures peintes et même piquetées et gravées les parois des rochers qui leur fournissaient asile. Ce sont, il est vrai, le plus souvent des animaux qu'ils ont ainsi représentés (5), mais les figures humaines ne sont point tout à fait rares dans leurs *ranges* et il en

(1) R. BROUGH SMYTH. *The Aborigines of Victoria*, with Notes relating to the Habits of the Natives of other Parts of Australia and Tasmania, vol. I, p. 286, fig. 40).

(2) *Ibid.*, vol. II, p. 251, fig. 253, 254. — Brough Smyth a reproduit en outre, vol. II, fig. 255, p. 258. une caricature de squatter, œuvre humoristique d'un Noir, observateur pénétrant et plein d'*humour*.

(3) On allongerait aisément cette énumération d'œuvres d'art façonnées par des Australiens, en citant les témoignages d'un grand nombre d'écrivains, tels que Brough-Smyth, Ch. Nicholson, Ed. Palmer, etc. qui attestent d'une part le grand nombre de sculptures et de peintures faites par les Natifs sur les rochers, de l'autre, l'aptitude des jeunes indigènes pour les arts du dessin (BROUGH SMYTH, *op. cit.*, vol. II, p. 258).

(4) J. LUBBOCK, *trad. cit.*, p. 42.

(5) Cf. L. FRITSCH. *Die Eingeborenen Süd-Afrika's*. Breslau, 1872, in-4°, p. 441 in taf. L. — HOLUB, *Sieben Iahre in Süd-Afrika*. Wien, 1881, in-8°, Bd II, s. 465.

est qui se groupent pour former des ensembles quelquefois assez compliqués. Je n'en veux d'autre exemple que ce pan de rocher décoré par les Bosjesmans d'un tableau que le Rev. Christol a copié dans la caverne des Barois (*legaga la baroa*) entre Wepener et Hermon et dont on peut voir une reproduction fort réduite dans son intéressant volume sur l'Afrique du Sud (1).

Des Bosjesmans ont enlevé un troupeau de zèbres que trois des voleurs poussent devant eux, tandis que sept autres font face à une douzaine de Matébélés qui les poursuivent. Tous les acteurs de ce petit drame sont de profil. Les Bosjesmans sont peints de cette couleur de cuir neuf qui leur est particulière; armés de leurs pe- tits arcs ils portent sur le dos un court carquois garni de flè- ches. Les Matébélés sont noirs, une ceinture blanche ou rouge est roulée autour du corps, la tête de quelques-uns est ornée de plu- mes blanches. Leur bouclier ovale ou en huit de chiffre, est garni de même au sommet et ils lancent en courant, en sautant, en s'agenouillant leurs sagaies sur l'ennemi. On remarquera que la perspective est étalée de la même manière que dans les des- sins des Australiens (fig. 5).

Fig. 4. — Dessin sur écorce d'un Aus- tralien des bords du lac Tyrrell.

Le Musée du Trocadéro pos- sède une douzaine de copies de

(1) Fr. Christol. *Au sud de l'Afrique*. Paris, 1897, in-12, p. 152-153. — Une pre- mière copie au tiers de grandeur de ce curieux tableau était parvenue à la Société de Géographie de Paris par l'intermédiaire de feu M. Paul Mirabaud, et j'en ai donné une courte description dans la séance du 21 mars 1884. J'avais le tort d'y voir une scène de l'expulsion des Bosjesmans par les Matabélés (*Compt. Rend. Soc. Géogr.*, 1884, p. 203-204). Depuis lors une seconde copie du même document fut remise par le Rᵈ Dieterlen à M. Richard Andree qui l'a publiée d'abord dans le tome XII des *Mittheilungen* de la Société d'Anthropologie de Vienne (1887), puis dans ses *Ethnographische Parallelen und Vergleiche* (*Neue folge*, Leipzig, 1889, in-8º, taf. III), en lui rendant sa véritable signification, qui est beaucoup plus modeste. L'original mesure environ 1ᵐ,50 de large sur 0ᵐ,90 de haut.

Un fragment qui s'était détaché du tableau en haut et à gauche a été rapporté au Trocadéro par le Revᵈ Christol. Il représente une vache.

scènes analogues plus ou moins compliquées, exécutées par les
soins de la Commission de la Colonie du Cap pour l'Exposition
Universelle de 1878 (1). Ces peintures faites à l'ocre (2) dans la
grotte de Bain's Kloof ou dans celle de Brandewyn's River, au
N. du Packuisberg, Clan William, représentent divers aspects de la
vie des Bosjesmans. Des indigènes chassent à l'arc; un autre con-
duit un troupeau, plusieurs bêtes féroces attaquent une famille;
un chasseur s'approche d'un *gemsbok* en se dissimulant derrière
une branche épaisse qu'il montre à l'animal (fig. 6). Les bêtes
sont le plus souvent dessinées assez exactement pour qu'on puisse

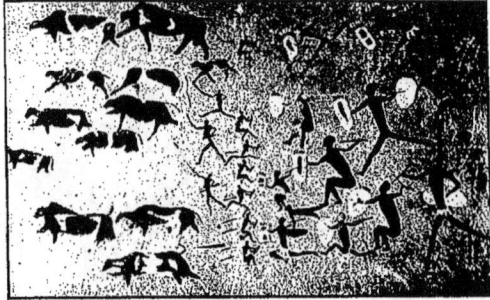

FIG. 5. — Tableau peint de la *Legaga la Baroa* (pays des Baroas).

en déterminer l'espèce; les hommes, au contraire, offrent des
silhouettes si grossières que leur toute petite tête apparaît comme
une simple protubérance. Le carquois qui signale les chasseurs
projette sur leur dos une sorte de bosse qui ne se distingue pas
du reste de la figure. Les bras sont d'ailleurs de simples moi-
gnons terminés comme par hasard en palettes à cinq dents qui
correspondent aux mains, les jambes sont minces, assez souvent
de contours passables et les pieds, quand ils existent, sont vus
d'en haut en plein profil. Toutes ces esquisses ont du mouvement
et de la vie, mais on n'y distingue presque aucun trait physiono-
mique (3), et l'on pourrait croire, à s'en tenir à leur seul témoi-

(1) Cf. *La Nature*, 2 nov. 1878, p. 361.
(2) Il y en a d'autres au charbon qui ne se mêlent pas aux peintures rouges et
leur sont très inférieures d'exécution.
(3) Peut-être pourrait-on invoquer sur un profil de femme une sorte de stéatopy-
gie.

gnage, que le sauvage qui les a composées n'avait pas le sentiment du dessin d'une figure humaine.

J'ai eu l'occasion de bien constater le contraire, lorsque le voyageur Farini a présenté à Paris la bande de Bosjesmans N'Tchabbas
qu'il avait réussi à ramener du désert de Kalahari (1). Il y avait,
en effet, parmi ces curieux indigènes, une petite fille appelée
N'Aïssi, qui se plaisait à exécuter avec un crayon sur des mor-
ceaux de papier de petits croquis grotesques.

La fillette a ainsi dessiné, avec entrain, les portraits vus de face
de deux de nos amis, anthropologistes fort connus, et ces dessins
n'étaient pas inférieurs à ceux des petits Parisiens du même âge.
La jeune Bosjesmane l'emportait même sur ceux-ci par un véri-

Fig. 6. — Le chasseur et le *gemsbok*, peinture bosjesmane.
Brandewyn's River, Clan William.

table esprit d'observation; elle a rendu — il m'en souvient fort
bien — avec un soin inattendu certains détails tout à fait person-
nels : la large face, les sourcils broussailleux à longues pointes
relevées en dehors, les favoris épais, la paire de lunettes de l'un
de ses modèles; la figure allongée, les boutons d'uniforme, les
bottes et les éperons du second de ses visiteurs avaient été reproduits de manière à ne pouvoir être méconnus d'aucun des témoins
de cette petite scène.

Les Cafres sont mentionnés par sir John Lubbock parmi les
peuples arriérés en matière d'art. Je ne puis qu'engager l'éminent
écrivain à parcourir le volume déjà cité du Rev. Christol, il y
trouvera des gravures curieusement compliquées, œuvre d'un

(1) E. T. Hamy. *Note ethnographique sur les Bosjesmans* (*Bull. Soc. d'Anth.*),
3ᵉ Sér., t. IX, p. 367, 1886).

Mossouto et des dessins du Damaraland où l'on serait tenté de
chercher un commencement d'écriture.

Quant à l'anecdote de Bookhaloom à Bilma, chez les Tibbous,
empruntée par Sir John Lubbock au Voyage de Denham, Clapperton et Oudney, elle est tout en faveur de ma manière de voir,
puisqu'elle montre le voyageur anglais faisant en quelque sorte
l'éducation du marchand africain (1), qui reconnaît successivement
dans les dessins qu'on lui montre, un chameau, puis un homme,
une épée, enfin des fusils et pousse à chacune de ses découvertes
des exclamations appropriées. (2).

Nègres et Négroïdes océaniens et africains dessinent donc,
peignent, sculptent même parfois la figure humaine, non sans un
certain art, et il en est encore ainsi des autres groupes dont sir
John Lubbock ne parle point dans sa dissertation. Un certain
nombre d'exemples permettent même à l'ethnographe de constater une certaine *recherche du type* et il n'est pas très rare de ren-
contrer des œuvres de sauvages qui manifestent *une observation
assez exacte de certains caractères ethniques propres à la race de
leurs auteurs.*

C'est ainsi, par exemple, que l'Eskimo sculpte dans la dent du
cachalot ou du morse des figurines qui se distinguent souvent par
l'aplatissement de la face et le grand écartement de l'œil et de la
bouche. C'est ainsi encore que le Koloche donne aux masques
qu'il confectionne la rondeur de face qui le caractérise lui-même ;
que les Nootka-Colombiens copient exactement dans leurs figu-

(1) Un chameau et une figure humaine furent tout ce que je pus lui faire comprendre, écrit Denham, et à cette vue il fut tout agité et réjoui — « Gab! gab! Mer-

FIG. 7.
Dessin de jeune Saharien.

veilleux! Merveilleux!» Les yeux attirèrent d'abord
son attention, puis les autres traits. A la vue de l'épée il
s'exclama : *Allah! Allah!* et en découvrant les fusils
il s'écria à l'instant : *Où est la poudre?* (DENHAM,
CLAPPERTON and OUDNEY. *Narrative of Travels and
Discoveries in Northern and Central Africa in the
years* 1822-4, 3d Ed. London, 1826, in-8°, p. 151-152).

(2) Je donne ici à titre de comparaison un dessin
d'enfant saharien, où l'on reconnaît vaguement la
coiffure et le manteau du désert. Les yeux sont figurés par des cercles placés chez l'un des deux un peu
obliquement, mais *superposés* chez l'autre. Il y a bien
deux traits pour le nez et la bouche, mais ils sont
tracés au hasard. Bras et jambes sont réduits à des
bâtonnets. Ce dessin est à rapprocher de ceux de
l'Australienne reproduits ci-dessus sous les nos 2 et 3.

rines la déformation crânienne qui leur est familière; que les
Papouas reproduisent leur nez convexe et allongé, les Guinéens
leur prognathisme, etc.

Reprenons les plus saillants de ces faits ethnographiques, avec
les comparaisons qu'ils suscitent à l'esprit de l'observateur. Les
figures humaines sculptées des populations polaires américaines
sont ou bien des masques de danse ou bien des sortes de poupées
ou encore de petits personnages façonnés pour entrer dans la
composition de quelque scénerie magique, ou enfin des pièces
d'applique d'un caractère décoratif. Toutes ces représentations de
la figure humaine, pour peu qu'elles atteignent certaines dimensions, se font remarquer par une accentuation très frappante du
type ethnique. Qu'on examine par exemple les sculptures sur bois
de la côte N. O. conservées au Musée de Berlin, ou la statuette
d'ivoire de la côte des Tutsagmioutes du cap Stephens dont
Alex. Bertrand (1) a emprunté la figure à la collection Pinart, on
sera frappé d'y voir exactement rendus les traits les plus caractéristiques de la race, et notamment l'augmentation si remarquable
de la distance entre la paupière et la bouche. Le musée du Trocadéro possède tout un ensemble de sculptures étonnamment typiques,
où tous les caractères ethniques s'accumulent à plaisir (2). Bien
remarquables aussi se montrent les masques que je vous pré-
sente, recueillis à Mektlakatla chez les Nass et à Sitka, en pays
Koloche. Le premier, adroitement découpé dans un volumineux
bloc de pierre dure, les seconds taillés dans une mince pièce de
bois, nous mettent en présence de véritables portraits d'indigènes,
fort différents des Eskimos, leurs voisins septentrionaux. Une statue funéraire en bois rouge de la Colombia dont j'emprunte le
moulage en plâtre peint à notre galerie, se recommande par
l'exacte reproduction de la déformation crânienne en usage chez
les riverains du cours inférieur de cette rivière.

Voici enfin une statue en stéatite de l'île Sherbro (Guinée
anglaise), remarquable par l'exagération de ses caractères nigri-
tiques et un de ces masques de bois sculptés et décorés par les
Papouas de la Nouvelle-Guinée, qui se plaisent notamment à

_____

(1) A. Bertrand. *La Gaule avant les Gaulois d'après les monuments et les textes.*
Paris, 1884, in 8°, fig. 31, p. 78).

(2) E. T. Hamy. *Galerie Américaine du Musée d'Ethnographie du Trocadéro, choix de
pièces archéologiques et ethnographiques.* Paris, 1897, in-f°, pl. VIII).

accentuer dans leurs œuvres d'art les dimensions du nez long et pendant dont ils sont naturellement ornés.

C'est déjà presque une manifestation de ce *penchant à la carica-ture,* commun à tous les primitifs, aux enfants aussi bien qu'aux sauvages, et dont nous allons avoir à dire quelques mots mainte-nant.

La caricature joue, en effet, un certain rôle dans l'art ethno-graphique et il est des productions en grand nombre sur la valeur ethnique desquelles on est bien en droit d'hésiter. Les Pygmées, par exemple, si souvent représentés dans l'art antique n'ont vraiment, en commun, que la petite taille et l'étude des très nom-breux monuments où ils sont mis en scène ne suffirait pas à jus-tifier leur identification avec les Négrilles actuels (1). De même le Dieu Bès, ce nain barbu et difforme, qui préside à la toilette des femmes dans l'ancienne Égypte, et dont, pour cette raison, on va chercher le berceau au Pays des Aromates, est un grotesque, et il serait bien malaisé de démêler par la seule inspection des monu-ments qui le concernent, ses origines orientales

Ce ne sont point, au surplus, les caractères de race proprement dits qui se trouvent les plus déformés dans les caricatures popu-laires. L'enfant ou le sauvage, que l'humeur du moment porte à exécuter à sa façon un *portrait-charge,* ne s'occupe que d'une chose, dévier ou accentuer un trait réel au point de le rendre risible. Un gros nez, une large bouche, des seins qui pendent, et voilà, en dehors de toute idée de *type,* la première caricature inventée. Vous la trouverez telle quelle parmi les pièces de l'âge du renne du regretté Édouard Piette (2).

Ajoutons que pour suppléer à l'impuissance de son savoir-

---

(1) Cf. P. Monceaux. *La légende des Pygmées et les Nains de l'Afrique Equatoriale* (*Rev. Hist.*, t. XLVII, 1891 *pass.*).

(2) Je ne puis pas me résigner à voir autre chose qu'un véritable portrait-charge dans cette vieille bonne femme laide et grotesque, qu'un Dantan du Mas d'Azil a les-tement enlevé sur la pointe d'une dent d'équidé. — Cf. Piette. *La station de Bras-sempouy et les statuettes humaines de la période glyptique* (*L'Anthropologie*, t. VI, p. 142 et pl. IV, fig. 2-26. 1895). — La collection Piette renferme deux esquisses gravées au trait que je prends pour aussi des espèces de charges. L'une rappelle tout à fait le chasseur d'aurochs dont il sera question plus loin, mais avec une tête qui tient bien plus de l'animal que de l'homme ; l'autre plus extraordinaire encore, montre une tête hérissée de longs cheveux en désordre et d'une silhouette indéfinissable. Ed. Piette, en montrant ces gravures à la Société d'Anthropologie, a émis l'hypothèse que le troglodyte qui les a tracées, aurait fait d'après nature le portrait de quelque survi-vant des anciens âges. C'est une explication bien hypothétique !

faire et de ses outils, l'artiste primitif a toujours la ressource d'accentuer à part un détail *exclusivement personnel* à l'individu qu'il met en scène. C'est ainsi qu'opérait, par exemple, ce Saleh el Maël, chef des bergers de l'Enfida, pictographe à ses heures, dont j'ai naguère examiné la curieuse comptabilité dans une des conférences de l'Association française (1).

Chacun des bergers auxquels il ouvrait un compte dans ses carnets y figurait, avec quelque trait bien caractéristique et voici le portrait qu'il a fait du formidable Amor ben Hassan, un colosse énorme et velu, connu dans la contrée sous le nom de *Forza-bezef* et que la grosseur de ses jointures a fait nommer par ses camarades *bou Khaïb*, le *père des genoux*. Saleh el Maël s'est attaché à rendre cette noirceur, cette musculature et l'exagération des mains, des pieds et des rotules dans le dessin naïvement barbouillé que je fais passer sous vos yeux. La tête, le ventre et les genoux sont des disques concentriquement crayonnés; les mains étalées ressemblent à des pattes de grenouille et les pieds, aux vastes talons, rappellent ceux de l'ours (2).

Ce n'est pas encore de la pathologie, mais c'est quelque chose qui en approche. La pathologie prend d'ailleurs une large place dans la caricature; le contrefait le dispute au grotesque, et l'on voit surgir dans les monuments figurés Phtah achondroplasique et Silène monstrueusement obèse, les rachitiques et les nains de l'Ancien et du Moyen Empire d'Égypte, les crétins de Smyrne ou encore l'hydrocéphale vénéré des Japonais sous le nom de Fuku-Roku-Ju parmi les sept génies de la Félicité (3).

II

Nous venons de constater ensemble que tout homme, si sauvage qu'il puisse être, possède à un certain degré, une sorte d'instinct artistique, qui lui permet de reproduire à sa façon des images plus ou moins grossières des choses de la nature, et sa propre figure en particulier, réduite chez les primitifs aux con-

---

(1) E. T. Hamy. *Laboureurs et pasteurs berbères. Traditions et survivances* (*Ass fr. pour l'Avanc. des Sc. Conférences de Paris 1900*).

(2) Id., *ibid.*, p. 16.

(3) P. Richer. *L'art et la médecine*, ch. II et III. Paris, 1902, in-8°. — Cf. Parrot. *La malformation achondroplasique et le dieu Phtah* (*Bull. Soc. d'Anthrop. de Paris*, 1878, p. 296. — F. Regnault. *Les terres cuites grecques de Smyrne* (*ibid.*, 1890, p. 467). — Puini (L.). *I setti Genii della Felicità, notizie sopra una parte del culto dei Giapponesi*. Firenze, 1872, in-8°. — Etc.

tours les plus élémentaires, mais pouvant revêtir dans des groupes moins attardés certains caractères véritablement *ethniques*.

Quelques-unes des figures qui viennent de défiler sous nos yeux nous ont permis, en outre, de constater l'aspect *enfantin* que présentent la majeure partie des images ainsi empruntées aux artistes sauvages.

Au point de vue des arts du dessin, en effet, comme à tant d'autres points de vue, les sauvages sont de *vrais enfants*; *ils dessinent, ils barbouillent, ils modèlent comme des enfants.* Et à défaut des sauvages eux-mêmes, dont nous ne saurions aisément suivre l'évolution esthétique dans l'espace et dans le temps, ce sont les enfants qui vont nous renseigner, en nous fournissant, dès le

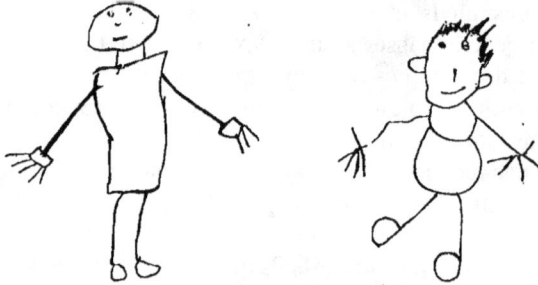

Fig. 8 et 9. — Dessins du jeune D., Parisien, âgé de 4 ans 1/2.

premier âge, les termes de comparaison les plus satisfaisants et les plus approchés. Examinons les œuvres spontanées qu'ils exécutent sous nos yeux, nous y trouverons tous les éléments de *l'art sauvage* et, qui plus est, *la série des âges* reproduira *l'échelle ascendante des civilisations élémentaires.*

Le très jeune enfant, qui n'a jamais subi au point de vue du dessin d'influence pédagogique, a sa manière à lui de comprendre la figure humaine (fig. 8 et 9). Voyez un gamin de Paris opérer sur les trottoirs, le charbon ou la craie à la main. Il veut faire un *bonhomme*; toujours il le trace *de face*. La figure sera *un cercle, deux points* y feront les yeux, une ligne en travers correspondra à la bouche. Le nez, s'il ne l'oublie pas, sera représenté par un point ou une barre verticale. Les oreilles auront l'aspect de deux anses et les cheveux seront rendus par quelques traits plus ou moins parallèles partant du disque facial.

Le tronc prend la forme d'un carré long ou d'un ovale simple ou double, d'où sortent bras et jambes à l'état de simples traits, la main est réduite aux doigts figurés par des lignes ou des boucles. Le jeune artiste n'en sait pas toujours le compte et il lui arrive d'en oublier ou d'en ajouter un ou deux. Assez souvent il en compte cinq, mais il lui arrivera de les remonter jusqu'au coude ou de les insérer à la main comme les dents d'un râteau ou les pinceaux d'une brosse. Les pieds sont vus d'en haut, rarement de profil, leurs orteils sont toujours ignorés à cause de la chaussure (1).

Le bonhomme ainsi esquissé représente dans l'évolution de ce que l'on pourrait appeler *l'iconographie enfantine* une PREMIÈRE PHASE dont nous allons trouver aisément les équivalents à la fois dans le temps et dans l'espace, chez les primitifs et chez les sauvages.

Ce sera, si vous voulez bien, l'Égypte la plus archaïque qui nous fournira le premier de ces termes de comparaison. Dans les plus anciennes inscriptions hiéroglyphiques qui soient parvenues jusqu'à nous (2), le signe qui correspond à l'idée d'*homme* est un masque discoïde avec des oreilles en anses, où l'on distingue des points qui sont les yeux et une fente qui correspond à la bouche; seulement des barrettes saillantes indiquent les sourcils et le nez. Mais les bonshommes *protoégyptiens* de Toukh que j'emprunte à M. Flinders Petrie ne nous montrent le plus souvent que les éléments du portrait le plus élémentaire de la première phase enfantine dont il était question tout à l'heure (3).

C'est aux pétroglyphes d'Amérique que je demanderai des

---

(1) L'individu chaussé, dont on voit néanmoins les doigts de pied, apparaît fort rarement dans notre iconographie enfantine. J'en donne plus loin un exemple dans une figure de prêtre dessinée par la jeune Alice Serrano, Espagnole âgée de huit ans (fig. 19).

(2) Cf. J. DE MORGAN. *Ethnographie des populations indigènes de l'Égypte* ap. *Recherches sur les origines de l'Égypte. Ethnographie préhistorique et tombe royale de Negadah.* Paris, 1897, in-8°, p. 235.

(3) La figure humaine se montre dans ces œuvres archaïques avec des aspects tout à fait primitifs, écrivais-je dans un travail récemment lu à la Société d'Anthropologie. Vue de face et presque sans relief elle ne se compose le plus souvent que d'un petit mascaron, aplati, arrondi du haut et anguleux du bas, de façon à justifier parfois l'hypothèse d'une longue barbe taillée en pointe. Les oreilles, grandes et clabaudes font saillie des deux côtés de la tête; deux gros yeux ronds cerclés ou simplement troués, avec ou sans arcs sourciliers, sont les seuls traits reconnaissables sur une moitié des figures connues. Il s'y joint parfois une ligne transversale qui correspond à la bouche et plus exceptionnellement un soupçon de nez (E. T. HAMY. *La figure humaine dans les monuments de l'ancienne Égypte* (Bull. et Mém. Soc. d'Anthrop., 3 janv. 1907).

spécimens *ethnographiques* de cette même *phase* de l'évolution
esthétique et je n'aurai que l'embarras du choix entre des milliers
de figures humaines élémentaires signalées dans tout le Nouveau
Monde, des montagnes Rocheuses aux Andes de Patagonie. Qu'il
me suffise de vous montrer ici une des nombreuses gravures de la
Guadeloupe que j'ai publiées et commentées naguère d'après les
beaux dessins de M. Guesde, dans le *Journal des Américanistes*.

La figure élémentaire dont l'esquisse n° 8 nous donnait ci-dessus le type le plus caractéristique, peut se compliquer, se perfec-
tionner si l'on veut, par la substitution au point ou à la ligne qui
représentent l'œil ou le nez, d'un petit cercle, d'un ovale, d'un
carré irréguliers. Le disque oculaire se complète de deux demi-
cercles en guise de paupières, auxquels se surajoutent aussi par-
fois de courts bâtonnets rayonnants ou un paquet de stries qui correspondent aux cils et aux sourcils.

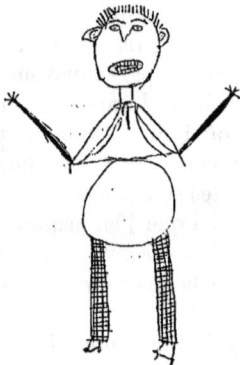

Fig. 10. — Dessin d'un jeune
Parisien de 8 ans 1/2.

Le nez, chez quelques-uns, se combine aux deux yeux pour former un crochet renversé, une manière de bec, et l'ensemble prend l'aspect d'une attente d'agrafe, ou si l'un veut d'une paire de ciseaux à lame courte ou d'une sorte de tête de chouette (fig. 10). J'ai recueilli chez de jeunes enfants français ou allemands quatre de ces dessins qui rappellent les figures élémentaires des bas-reliefs néolithiques de la Marne ou des Cévennes, ou encore celles de certaines statuettes schématiques en marbre trouvées dans la seconde Troie par Schliemann ou enfin celles de quelques-unes des urnes dites germaniques (1).

La bouche, devenue un ovale ou un carré, se quadrille pour
imiter les dents ; la moustache, la barbiche sont figurées par un
crayonnage serré. Le tronc, qui reste de face, se remplit de
détails, boutons, bretelles, ceintures, etc. Les membres gagnent
en épaisseur et les doigts se cylindrent.

Parvenue à ce point de complication, la face pourra spontané-

_____

(1) Cf. S. REINACH. *La sculpture en Europe avant les influences gréco-romaines* (extr.
de *L'Anthrop.*, 1894-1896). Angers, 1896, br. in-8°, p. 8, 15, 28, 29, etc.

ment prendre des allures ethniques parfois bien intéressantes. J'en possède dans ma collection des exemples fort démonstratifs. Si les deux Tunisiens dessinés par un petit paysan de Tebourba âgé de sept ans ne rappellent encore que de loin le type des forbans de l'ancienne Régence (fig. 11 et 12) on ne saurait contester le caractère ethnique très décidé de cette esquisse crayonnée avec une verve amusante par un jeune Israélite de Paris, Isaac Glas, également âgé de sept ans. Ce précoce artiste a vraiment donné quelque chose de *national* à ce personnage aux gros yeux, au nez volumineux, aux cheveux frisés dont la reproduction se voit ci-contre (fig. 13).

La figure 14 ci-après représente l'œuvre d'un enfant très précoce, âgé seulement de trois ans, et qui, meilleur observateur que certains sujets exotiques ayant jusqu'à trois fois son âge, possède ainsi ce que l'on pourrait appeler le *sentiment du profil*. Son crayonnage nous montre, comme celui d'Isaac Glas, une silhouette tournée à droite, combinée avec l'indication des deux yeux plus ou moins symétriques d'une figure de face. Cette association de forme qui marque une SECONDE PHASE de l'évolution du portrait

Fig. 11 et 12. — Deux Tunisiens dessinés par un petit paysan de Tebourba, âgé de 7 ans.

est l'une des plus curieuses et des plus constantes du génie enfantin. Le jeune artiste ne parvient pas en effet du premier coup à s'approprier ce que je viens d'appeler le *sentiment du profil*. Il hésite, il tâtonne et quand il a enfin trouvé cette silhouette qu'il est lent à comprendre, à côté de l'œil dont il l'anime, il en dessine un autre sur le même plan. Le bonhomme qu'il est habitué à tracer de face, ainsi que nous l'avons vu, et qu'il tient cette fois de profil, possède *deux yeux* quoiqu'on n'en puisse voir qu'un seul dans cette nouvelle attitude. Et notre jeune dessinateur ne voudrait à aucun prix lui faire tort d'un de ces yeux! C'est quelque chose d'analogue qui se passait dans l'esprit de ce Bédouin que peignait Rigo, un des peintres de la Commission d'Égypte ou chez ce Peau Rouge dont Catlin faisait le portrait

dans la Grande Prairie; tous deux se plaignaient, en présence
de leur *profil*, d'ailleurs très ressemblant, qu'on leur ait *dérobé
un œil*!

J'ai recueilli dix dessins de jeunes sujets, masculins et féminins
des deux sexes, Parisiens de huit à dix ans, Nègre soudanien de
huit ans, Espagnole du même âge, Juive de dix ans, etc., que je
rapproche de celui du très jeune auteur de la figure 14.

Autre complication chez quelques-uns de mes dessinateurs. Ces
deux cercles ou points oculaires, vus de face, appellent autre chose !
Le dessin initial est oublié et voilà soudain le bonhomme qui a
déjà son profil, avec deux yeux de face, orné d'un second nez et
d'une seconde bouche vus de même. Et sur un de ces portraits
bizarres (fig. 17), une jeune Juive de dix ans, poussée par un

étrange souci d'exactitude, ornera d'une
barbiche le menton de son profil tandis
que deux rangées de dents s'aligneront
au dessous du nez figuré vaguement
par une sorte de *parenthèse*.

La figuration de profil, dégagée peu
à peu des malfaçons qui avaient signalé
ses débuts, vient caractériser une TROI-
SIÈME PHASE dans l'évolution artistique
enfantine et sauvage. Le profil n'est pas
encore, ne sera jamais complet, car le
maître de dessin pourra seul plus tard

FIG. 13. — Portrait par Isaac Glas, faire accepter à son élève la représen-
Israélite de 7 ans.   tation exacte d'un profil oculaire, par
exemple, sous la forme d'un triangle.

L'enfant à l'état de nature se refusera toujours, comme le
primitif, et comme le sauvage, à cette figuration qu'il ne com-
prendra que plus tard (1). L'œil qu'il tracera spontanément mon-
trera dans toute leur longueur les deux paupières limitant entre
leurs courbes le champ oculaire découpé en forme d'amande
plus ou moins allongée. Il reproduira ainsi à son insu, la morphologie demeurée constamment en usage dans l'antiquité égyp-
tienne ou chaldéenne et qui n'est pas sans élégance, et même

(1) Des nombreux sujets qui m'ont fourni mes documents, deux seulement m'ont
donné dans le profil un œil triangulaire ; ce sont, un petit Français, nommé Charles
Leblois, âgé de 10 ans 1/2, et un jeune Israélite de 7 ans, Albert Metger.

sans charme malgré ce qu'elle porte en elle d'incorrect et même
de difforme.

L'oreille n'est pas toujours oubliée par le jeune artiste; c'est
un rappel d'organe sans intérêt sous sa morphologie, un ovale,
un carré, une sorte d'hélice ou de haricot (fig. 19), telle que l'art
grec primitif nous en a transmis des modèles.

Une observation, que j'ai entendu formuler jadis par un analyste
d'une rare finesse, M. de Longpérier, et que j'ai souvent vérifiée,
c'est que l'enfant ignore avec persistance dans le profil humain
tout ce qui n'est pas la face elle-même, tout ce qui répond au cer-
veau. Peu lui importe ce que cachent les
cheveux, au delà de l'oreille; une fois
celle-ci mise en place, généralement assez

Fig. 14. — Dessin d'un petit
Parisien âgé de 3 ans.

Fig. 15. — Dessin d'un autre Parisien
âgé de 8 ans.

loin en arrière, notre portraitiste coupera brusquement sa silhouette par un trait vertical.

Le profil ainsi acquis par le jeune dessinateur, comment va-t-il
orienter la silhouette qu'il veut tracer? Observez attentivement
ses ébauches et vous constaterez l'habitude constante qu'il suit de
tourner son bonhomme à gauche, la difficulté, la répugnance
même qu'il éprouve pour l'orientation à droite : si je puis
employer ce pléonasme. A de très rares exceptions près, les profils que je me suis procurés dans les écoles de Paris ou chez
quelques enfants de mon entourage, étaient tournés à gauche. Et
chose tout à fait remarquable, les trois seuls dessins de ma collection qui présentent le profil regardant à droite proviennent de
sujets exotiques, un petit Juif de six ans et demi d'origine incer-

taine, nommé Amédée Pittner (fig. 20-21), un Tunisien (fig. 28)
et une jeune Levantine, qualifiée Grecque, observés aussi à Tunis
par mon ami le Dr Bertholon.

FIG. 16. — Une page de dessins d'un Nègre soudanien de 8 ans.

Je suis tout prêt à considérer ces exceptions comme *ataviques*.
L'orientation vraie de la figure, tournée à la droite de celui qui

FIG. 17, 18 et 19. — Trois dessins d'une Juive de 10 ans, d'une Française de 9 ans
et d'une Espagnole de 8 ans.

l'examine, est, en effet, propre à l'Orient, patrie originelle des
trois sujets dont il est ici question.

Le P. Scheil, étudiant les rares hiéroglyphes chaldéens, qu'on peut considérer comme archaïques, a constaté que tous ceux que l'on connaît aujourd'hui et dont l'identification est incontestable, sont ainsi *orientés*. Ces signes correspondant aux idées de *ventre*, de *jambe*, de *pied*, de *roi*, d'*oiseau*, etc., sont ainsi en mouvement vers le côté droit. Les sujets des monuments chaldéens les plus anciens de Naram-Sin, d'Eannadou, d'Ournina sont habituellement dirigés à droite et il faut descendre jusqu'à Assurbanipal pour trouver des séries inverses.

Fig. 20 et 21. — Dessins du jeune A. Pitner, israélite, 6 ans 1/2.

D'autre part les bonshommes tracés en noir ou en blanc sur la panse des vases protoégyptiens de Toukh, de Negadah ou dans les grossiers bas-reliefs de l'Abydos primitive marchent aussi presque sans exception vers la droite du spectateur.

Il semble qu'il y ait eu dans le principe des habitudes de nature ethnique. On est d'ailleurs amené à constater une intime corréla-

Fig. 22. — Une page de dessins d'un enfant tunisien, âgé de 7 ans.

tion entre cette prédilection pour les profils à droite et les formes de l'écriture, et à admettre que l'artiste, dessinant de préférence une silhouette tournée à droite, ne fait qu'imiter en somme le calligraphe dont toutes les lettres sont orientées de même. Les caractères, tracés de cette façon, se suivent forcément de la droite vers la gauche, c'est-à-dire dans la direction même où se suc-

cèdent aussi le plus souvent les alignements de personnages sur
les parois des monuments des plus antiques dynasties.

Aussi peut-on se demander s'il n'y aurait pas à chercher l'explication de cette inversion complète des habitudes en matière de
dessin et d'écriture, dans quelque particularité de physiologie
ethnique, plus ou moins comparable à celle qu'invoquaient jadis
Javal et Wecker et dont, à ce que l'on m'assure, un élève de
M. Weiss, M. le Dr Amar s'apprête en ce moment à poursuivre en
Orient l'étude détaillée.

Je pose le problème, sans le résoudre. Je n'ignore pas, en effet,
que cette habitude artistique se complique chez les Anciens de
certaines idées religieuses que mon confrère et ami M. Edmond
Pottier a fort bien mises en évidence dans un récent article des
Mélanges Boissier. Rien n'empêche, au surplus, que l'idée religieuse
se soit greffée, en quelque sorte, sur une habitude physiologique.
Si, en effet, l'*orientation* des figures a pris réellement naissance
chez des Sémites, elle s'est propagée par la suite dans des races
qui ne différaient pas sensiblement des nôtres. Et ce serait par
une *imitation d'une formule plastique*, sans aucune raison physiologique ou morale, que jusqu'au ve siècle avant. J.-C. l'art des îles
et de la Grèce propre se serait ainsi plié à des habitudes d'origine
orientale.

III

J'ai dit à peu près tout ce que j'avais à dire de la figure humaine
considérée à l'état isolé dans les deux attitudes que lui donnent le
plus habituellement nos jeunes auteurs. Considérons-la, mainte-
nant, dans ses rapports avec les milieux où ils la font intervenir, et
nous constaterons de nouvelles affinités iconographiques entre les
créations de l'art primitif et de l'art sauvage. Le souci médiocre
de l'aplomb, la négligence de toute perspective, l'absence de proportions, les erreurs d'adaption, l'exagération de quelques détails,
la suppression, l'absence voulue de certains autres, enfin la simplifi-
cation des groupes par le procédé de la superposition, tels sont les
principaux traits relevés simultanément dans l'iconographie enfantine et sauvage. J'appellerai spécialement votre attention, à
propos de plusieurs de ces particularités, sur quelques curieux dessins publiés dans *l'Illustration* du 27 décembre 1902 à l'appui d'un
article ingénieux et spirituel dont l'auteur, que j'aurais voulu louer
devant vous comme il le mérite, n'a pas jugé à propos de se faire

connaître de ses lecteurs (1). On trouve, dans cette collection de trente et quelques croquis d'un jeune dessinateur, des personnages dans des équilibres impossibles : un cocher est suspendu entre ciel et terre au-dessus de son siège, deux petits bonhommes qui devraient être assis sont figurés debout au-dessus ou au-devant de leur chaise, un capitaine monté a les deux jambes du même côté du cheval.

Des détails de toilette, un chapeau, des papillottes, une tresse de cheveux sont rendus avec de minutieux détails chez de petits personnages auxquels manquent d'ailleurs l'œil, le nez ou la bouche. Par contre deux fillettes qui en font danser une troisième à la corde, n'ont qu'un bras, celui qui leur sert pour cet exercice ; deux gendarmes conduisant entre eux un malfaiteur sont de même manchots n'ayant, eux aussi, besoin que d'un bras chacun pour maintenir leur prisonnier. Un de ces honorables gardiens de l'ordre est muni d'une botte unique ; j'ai montré plus haut un prêtre dessiné par une jeune Espagnole de huit ans, qui n'a qu'une manche à son aube (fig. 19), etc., etc.

Dans un groupe donné, la figure la plus importante est plus grande que toutes les autres. Enfin, s'il s'agit de représenter une collectivité humaine, le jeune artiste multiplie à l'infini la figure déjà dessinée en bordant la première silhouette d'un nombre de silhouettes parallèles équivalant à celui des individus ajoutés. Avec une grande attention vous retrouverez bien vite dans les collections de dessins ethnographiques la plupart de ces particularités. En ce qui concerne notamment celles que je relevais en dernier lieu, je renverrai mes auditeurs aux atlas où sont figurés les tombeaux thébains du Nouvel Empire. Ils y verront la majesté divine ou royale représentée à une échelle beaucoup plus grande que les prêtres, les chefs, etc., et les pelotons de guerriers, d'esclaves, etc. y forment un défilé tel que celui dont dont je viens de vous parler. Seulement dans ces œuvres d'art la perspective est ascendante ainsi que je l'ai déjà dit, et les files de personnages se détachent grâce à l'artifice des alternances de couleurs.

Et cette intervention de la couleur m'amène à vous dire quelques mots en terminant de la *peinture* chez le primitif, chez le sauvage et chez l'enfant, qui prête à quelques considérations de même ordre que celles que vous venez d'entendre. Les uns et les autres

(1) Un OBSERVATEUR. *Le dessin chez les enfants* (*L'Illustration*, numéro de Noël, 27 décembre 1902), avec de nombreux dessins.

ont pratiqué et pratiquent une polychromie élémentaire, où dominent d'une part le noir que donne le charbon et le blanc fourni par la craie ou par la terre à pipe, et de l'autre les rouges et les jaunes que prodiguent les ocres et le fer oligiste, les bleus et les verts tirés de certains minerais de fer ou de cuivre. Dans les grottes de l'âge du Renne, en Périgord, en Ligurie et ailleurs, on a trouvé plusieurs fois ces matières dans des gisements archéologiques bien définis. J'ai à peine besoin de vous rappeler la plaque d'oligiste qui gisait près du cou de l'homme de Menton et les cailloux roulés, évidés en godets, encore rougis par l'ocre des grottes de la Vézère. Des observations analogues se poursuivaient naguère encore dans l'archipel de Santa Barbara en Californie, comme en Colombie, comme chez les Andamans, comme chez les Australiens.

Ces diverses constatations permettent d'assurer l'existence antique et la persistance actuelle de l'usage de certaines peintures, appliquées à la décoration de divers objets et en particulier à l'ornementation de l'homme lui-même. Les découvertes de grottes peintes qui se multiplient sur les deux versants des Pyrénées, l'existence constatée de nombreuses inscriptions rouges silhouettées par les anciens Garamantes dans le Sud oranais et le Tagant mauritanien, ou par les nègres archaïques des falaises qui bordent vers le sud le vaste bassin du Niger, les peintures noires des Eskimos, les peintures vertes des hadjis musulmans, etc., etc., témoignent de la large place que tient la décoration picturale dans la vie primitive ou sauvage. On a peint, on peint toujours sur la pierre et sur le bois, sur l'écorce et sur le cuir, sur la terre cuite, sur la calebasse, etc., etc., dans tous les pays de la terre.

Mais on a peint surtout, on peint encore au temps présent au pinceau, à la roulette, au porte-empreinte et plus souvent encore avec les doigts, le personnage humain. Les Peaux-Rouges ont pris le nom sous lequel nous les désignons collectivement de l'abus qu'ils font de l'ocre rouge pour se barbouiller le corps, et c'est par centaines que l'on pourrait dénombrer les tribus des deux Amériques et de l'Océanie qui participent à ces habitudes décoratives.

Nos enfants livrés à eux-mêmes sont peintres, eux aussi, à la manière des primitifs et des sauvages (1). Avec leur craie et leur charbon, la plombagine, l'ocre à rougir, le bleu à linge du ménage

(1) Je ne parle pas des petits bourgeois munis de leur boîte de couleur.

maternel, avec le jus de certains fruits, le pollen de certaines fleurs ils font à leur façon de l'art décoratif. Mais surtout, avec un bonheur sans égal, ils barbouillent leurs camarades et ils se barbouillent eux-mêmes.

L'année dernière je traversais, par une belle soirée d'automne, une de nos forêts du Nord, pour rentrer à mon domicile de vacances. La route était couverte de groupes de jeunes enfants qui revenaient de cueillir des mûres particulièrement abondantes en ce canton. Nombre de ces gamins s'étaient barbouillés avec le jus rouge des fruits et j'eus en contemplant ces visages bizarrement décorés une véritable vision de *sauvagerie primitive*. Les uns, comme des Apingis du Para s'étaient fait de belles stries descendant des yeux à la bouche, les autres, Peaux-Rouges ou Mincopies de fantaisie, portaient de larges taches ou de longues lignes parallèles. Un surtout étalait avec une joie grotesque une empreinte de mains, les doigts ouverts, qui lui couvrait la moitié du visage, comme aurait fait un de ces chefs de la Grande Prairie dont Catlin ou Bodmer nous ont conservé les portraits. Une fois encore enfant et sauvage s'étaient rencontrés dans leurs manifestations artistiques !

l'étranger, où *l'Anthropologie* a trouvé de nombreux lecteurs et où elle reçoit tous les jours de hautes marques d'estime.

Ce succès est dû non seulement à la valeur des mémoires originaux, mais encore au soin apporté par la Rédaction à la partie dite 'mouvement scientifique, où tous les mémoires parus en France et à l'Étranger sont analysés par des spécialistes autorisés. Tenir les lecteurs au courant des études chaque jour plus nombreuses et plus étendues devient une tâche de plus en plus considérable. Aussi tous les efforts ont-ils été faits pour résumer aussi fidèlement que possible les progrès journaliers des sciences anthropologiques et apporter tous les soins à assurer la publication régulière de ce recueil.

Chaque numéro, composé de 8 feuilles, comprend :

1° Des articles originaux aussi variés que possible sur l'anthropologie proprement dite, l'ethnographie, la paléontologie humaine et l'archéologie préhistorique ;

2° Sous la rubrique *Mouvement scientifique*, des analyses nombreuses des mémoires parus en France ou à l'étranger ;

3° Des comptes rendus des Sociétés savantes ;

4° Des nouvelles et correspondances, etc.

La Revue compte parmi ses collaborateurs les savants les plus éminents, les spécialistes les plus autorisés. Elle est d'ailleurs ouverte à tous les anthropologistes, sans distinction d'école ni d'opinions scientifiques.

L'Anthropologie est une publication purement scientifique. Elle est éditée avec luxe, soigneusement imprimée sur beau papier. Les illustrations y sont nombreuses, comme il convient dans toute Revue d'Histoire naturelle. Les mémoires sont accompagnés de planches ou bien de clichés intercalés dans le texte.

Paris. — L. MARETHEUX, imprimeur, 1, rue Cassette. — 20252.

MASSON et C¹ᵉ, Éditeurs, 120, boulevard Saint-Germain, Paris.

L'ANTHROPOLOGIE

Paraissant tous les deux mois

RÉDACTEURS EN CHEF

MM. BOULE — VERNÉAU

PRINCIPAUX COLLABORATEURS

MM. ALBERT GAUDRY — BREUIL — CARTAILHAC
COLLIGNON — DÉCHELETTE — DENIKER — HAMY — LALOY — MONTANO
Salomon REINACH — Prince ROLAND BONAPARTE — TOPINARD

Bulletin bibliographique par M. DENIKER

Un an : Paris, 25 fr. — Départements, 27 fr. — Union postale, 28 fr.

PRIX DU NUMÉRO : 5 FRANCS

L'Anthropologie paraît depuis janvier 1890.

A cette époque, les Directeurs de trois Revues également importantes et également estimées, les *Matériaux pour l'Histoire primitive et naturelle de l'Homme*, la *Revue d'Ethnographie* et la *Revue d'Anthropologie*, estimèrent, que, pour éviter toute dispersion de forces, il y avait lieu de fusionner ces publications en une seule qui prendrait le titre de *l'Anthropologie*.

Depuis dix ans, le succès de cette entreprise n'a fait que s'affirmer. Nous avons eu la satisfaction de voir notre *Revue* pénétrer de plus en plus dans toutes les bibliothèques scientifiques; et non seulement les abonnés respectifs des anciennes Revues nous sont restés fidèles, mais encore de nouvelles sympathies ont été acquises, particulièrement à

www.ingramcontent.com/pod-product-compliance
Lightning Source LLC
Chambersburg PA
CBHW072024290326
41934CB00011BA/2786